Handbuch des russischen Adels

von

S. H. Thomas Westphal

Bibliografische Information der Deutschen Nationalbibliothek: Die Deutsche Nationalbibliothek verzeichnet diese Publikation in der Deutschen Nationalbibliografie; detaillierte bibliografische Daten sind im Internet über www.dnb.de abrufbar.

© 2015 Thomas Westphal

Herstellung und Verlag:
BoD – Books on Demand, Norderstedt

ISBN: 978-3-7347-8822-2

Russischer Adel

Der Russische Adel hat verschiedene Wurzeln: Neben alten, dynastischen Geschlechtern, Nachkommen des Rurik, des Gediminas und uralter kaukasischer Fürstengeschlechter, die als russischer Uradel gelten, stehen Nachkommen von Aufsteigern aus dem Volke, und neben ethnischen Russen eine internationale Gesellschaft, die aus Angehörigen der eingegliederten Völker, Deutschbalten, Franzosen und Einwanderern verschiedener Nationalitäten besteht.

Die Bojaren

Lange galten in Russland die Bojaren als Adel, deren Titel waren aber nicht erblich und sie hatten auch keinen festen Grundbesitz. Sie wählten den Beirat des Fürsten, die Bojarenduma, und bildeten eine stehende Leibwache des Herrschers. Bereits im 14. Jahrhundert wurden dem Adel Güter „zur Nutzung" überlassen - also nicht als fester Besitz, denn dieser blieb dem Großfürsten überlassen. Im 15. Jahrhundert, der Großfürst hatte den Titel „Selbstherrscher aller Reußen" angenommen, wurden die Bojaren und die entthronten Nachkommen des Rurik aus den kleineren Fürstentümern zu einem Dienstadel, der verpflichtet war, dem Zaren als Beamte oder Offiziere zu dienen. Im Jahr 1649 wurde die Position des Adels durch die gesetzliche Verankerung der Leibeigenschaft der Bauern gestärkt. Bei der Volkszählung von 1678 befanden sich 507.000 Bauernhöfe (85 % der Gesamtzahl) in den Händen des Adels. Am Ende dieses Jahrhunderts wurden auch die ersten Adelsmatrikel geschaffen. Der Adel wurde in Kategorien eingeteilt: Die höchste war die des Moskauer Adels, die niedrigste die des Stadtadels.

Die Stellung des Adels wurde durch den Beschluss des Zaren Peter I. vom 24. Januar 1722 geregelt. Er schuf eine Rangtabelle des Adels. Peter I. führte auch die bisher in Russland unbekannten Grafen- und Baronenwürden ein. Es gab nun den persönlichen und den erblichen Adel. Schon der erste Offiziersrang im Heer und der Marine (Fähnrich) gab den persönlichen Adel, der Rang eines Obersten oder Kapitäns den erblichen Adel. Auch der Besitz gewisser Orden gab den erblichen Adel: des Großkreuzes aller Orden und des Ordens des Heiligen Wladimir sowie des Sankt-Georg-Ordens aller Klassen. Nach 25 Jahren unbescholtenen Dienstes erhielten Beamte den Wladimirorden 4. Klasse und damit den erblichen Adel.

Im Laufe des 18. Jahrhunderts wurden die Rechte und Privilegien des Adels erheblich erweitert: Im Jahre 1726 begrenzte man die obligatorische Dienstpflicht des Adels im Beamtentum oder der Armee auf 25 Jahre, 1762 wurde er von dieser Dienstpflicht völlig entbunden und von bloßen Nutznießern zu Besitzern der Güter erklärt. Die Leibeigenschaft wurde verschärft. Bauern durften verkauft, nach Sibirien deportiert oder zwangsweise zu Soldaten gemacht werden. Erst Zar Alexander II. schaffte dies ab.

In der russischen Armee gehörten etwa 50 % der Offiziere dem erblichen Adel an, während die übrigen den persönlichen Adel hatten, der schon durch das Offizierspatent erworben wurde. In der Leibgarde dienten nur Abkömmlinge des alten betitelten Adels.

Adelstitel in Russland

Die Adelstitel in Russland gestalteten sich seit Peter I. ähnlich wie im übrigen Europa: Fürst, Graf, Baron und unbetitelter Adel. Die Betitelten Familien sind in diesem Buch aufgeführt. Die fürstlichen Familien waren entweder dynastischen Ursprungs oder stammten von den höchsten Staatsmännern und Heerführern ab. Gräfliche Häuser waren entweder Nachkommen von Bojaren oder auch deutsche Adlige (Deutschbalten) aus den eroberten Ländern des Baltikums, deren Anzahl unter den Grafen sehr hoch war. Der Barontitel war unter dem älteren Adel (mit Ausnahme des baltischen Adels) nicht besonders geschätzt, da er vor allem an Bankiers und Kaufleute zum Lohne für geleistete Geldhilfe verliehen wurde.

Das Ende des 19. und der Anfang des 20. Jahrhunderts waren durch den allmählichen

Verlust der Landgüter durch den Adel gekennzeichnet. Dies stand im Zusammenhang mit der Aufhebung der Leibeigenschaft und dem Unvermögen des Adels, die Güter anders zu bewirtschaften. 1877 besaß der Adel noch 80 % der Landgüter, 1905 waren es nur noch 62 %.

Oktoberrevolution

Die Oktoberrevolution der Bolschewiki im Jahre 1917 schaffte den Adelsstand ab. Viele Adlige hatten jedoch einen wesentlichen Anteil am Aufbau des neuen Staates –Lenin, Felix Dserschinski, Michail Tuchatschewski, Konstantin Rokossowskij und andere. Unzählige Adlige fielen im Bürgerkrieg nach der Oktoberrevolution. In der weißen Armee gab es ganze Regimenter, die ausschließlich aus adeligen Offizieren bestanden. Andere emigrierten, vor allem nach Deutschland und Frankreich, wo sich

Paris zum Zentrum der russischen Emigranten entwickelte, und Polen, von dort weiter in die USA, wo heute der Großteil der ehemaligen Zarendynastie lebt.

Nach 1991 wurden die Adelsverbände und Organisationen der adligen Traditionspflege wieder erlaubt und neu gegründet, aber als soziale Schicht existiert der russische Adel nicht mehr. Seine Traditionen beginnen aber wieder neu zu entstehen.

Rangtabelle des Adels

Klasse I (Seine/Eure Erhabene Exzellenz)

Kanzler

Wirklicher Geheimer Rat, Erster Klasse

Generalfeldmarschall

Klasse II (Seine/Eure Erhabene Exzellenz)

Wirklicher Geheimer Rat

Ober-Kammerherr

Ober-Hofmarschall

Ober-Stallmeister

Ober-Jägermeister

Ober-Hofmeister

Ober-Schenk

Ober-Zeremonienmeister (seit 1844)

General

Klasse III (Seine/Eure Exzellenz)

Geheimer Rat

Hofmarschall

Stallmeister

Jägermeister

Hofmeister

Ober-Zeremonienmeister (1801-1844)

Ober-Vorschneider (seit 1856)

Generalleutnant

Klasse IV (Seine/Eure Exzellenz)

Wirklicher Staatsrat

Kammerherr (1737-1809)

Generalmajor

Klasse V (Seine/Eure Hochgeboren)

Staatsrat

Zeremonienmeister

Brigadier

Klasse VI (Seine/Eure Hochwohlgeboren)

Kollegienrat

Kammerfourier (bis 1884)

Kammerherr (bis 1737)

Oberst

Klasse VII (Seine/Eure Hochwohlgeboren)

Hofrat (seit 1745)

Oberstleutnant

Klasse VIII (Seine/Eure Hochwohlgeboren)

Kollegienassessor

Hoffourier

Major

Klasse IX (Seine/Eure Wohlgeboren)

Titularischer Rat

Hauptmann

Klasse X (Seine/Eure Wohlgeboren)

Kollegiensekretär

Stabshauptmann

Klasse XI (Seine/Eure Wohlgeboren)

Schiffssekretär

Kammerjunker

Klasse XII (Seine/Eure Wohlgeboren)

Gouvernementssekretär

Oberleutnant

Klasse XIII (Seine/Eure Wohlgeboren)

Kabinettsregistrator

Provinzialsekretär

Senatsregistrator

Synodalregistrator (seit 1764)

Leutnant

Klasse XIV (Seine/Eure Wohlgeboren)

Kollegienregistrator

Fähnrich

Katalog der Adelsfamilien

Abamelek	Fürst
Abamelek-Lazarev	Fürst
Abaschidse	Fürst
Abhazovy	Fürst
Abhazovy	Fürst
Abymelikovy	Fürst
af Klerker	Baron
Agiashvili	Fürst
Ahlefeld-Laurvigen	Graf
Akchurina	Fürst
Akkurti-Königsfels	Baron
Al, von	Baron
Alexandrovich	Graf
Alftan, von	Baron
Allerberg	Herzog
Alopeus	Graf
Amatuni	Fürst
Amilahori	Fürst

Amilakhvari	Fürst
Amirejibi	Fürst
Anchabadze	Fürst
Andronicus	Fürst
Anrep	Graf
Apakidze	Fürst
Apraxin	Graf
Arakcheev	Graf
Arakcheev	Graf
Arakcheev	Baron
Argutinsky-Dolgorukow	Fürst
Armfelt	Graf
Armfelt	Baron
Arnalov	Graf
Arpsgofen, von	Baron
Ascheberg, von	Baron
Ascheberg-Kettler, von	Baron
Ascheraden	Baron
Avalov	Fürst

Babadyshevy	Fürst
Babicheva	Fürst
Baer, von	Baron
Bagge af Boo	Baron
Bagration	Fürst
Bagration von Mukhrani	Fürst
Bagration-Davydov	Fürst
Bagration-Imereti	Fürst
Bagration-Muhkrani	Fürst
Bajuschew	Fürst
Baranova	Graf
Barantsova	Graf
Baratova	Fürst
Barclay de Tolly	Fürst
Barclay de Tolly	Graf
Barclay de Tolly - Weimar	Fürst
Barjatinski	Fürst
Barjatinski	Fürst
Beauharnais	Graf

Bebutov	Fürst
Begtabegovy	Fürst
Belevsky	Graf
Belinski	Graf
Bellingshausen, von	Baron
Beloselsky-Belozersky	Fürst
Benckendorff	Graf
Benningsen	Graf
Benninghausen	Baron
Berg, von	Graf
Berge, zum	Baron
Bergenheim	Baron
Bestushew-Rumin	Graf
Bezborodko	Fürst
Bezborodko	Graf
Biron, von	Graf
Blomberg, von	Baron
Bludova	Graf
Bobrinsky	Graf

Bobrowski	Graf
Bode-Kolycheva	Baron
Bode-Kolycheva	Baron
Bolschwing, von	Baron
Bonsdorf, von	Baron
Borel-Palentsky	Baron
Borja	Graf
Born, von	Baron
Boryatinskaya	Fürst
Boye	Baron
Branitsky	Graf
Braun	Graf
Brevern de Lagarde	Graf
Brimmer	Graf
Brink, von der	Baron
Bruce	Graf
Brugge finden, von der	Baron
Brunei, von	Baron
Brüning, von	Baron

Bruno	Graf
Bruno	Baron
Brzhostovsky	Graf
Buchholz, von	Baron
Budberg, von	Baron
Bühler	Baron
Buttlar, von	Baron
Buturlin	Graf
Buxhowden	Graf
Buxhowden, von	Baron
Campanario	Marquis
Campenhausen	Baron
Cantacuzino	Fürst
Cantemir	Fürst
Carpelan	Baron
Cassini	Graf
Chanisheva	Fürst
Chatsky	Graf
Chavchavadze	Fürst

Cheechoo	Fürst
Chegodaeva	Fürst
Cherkasov	Baron
Cherkassky	Fürst
Cherkezova	Fürst
Chernyshev	Fürst
Chernyshev	Graf
Chernyshev-Bezobrazov	Graf
Chernyshev-Kruglikova	Graf
Chijavadze	Fürst
Chikovani	Fürst
Chilkow	Fürst
Chkheidze	Fürst
Cholokaevy	Fürst
Corwin Kossakowsky	Graf
Cronenberg	Baron
Cronstedt, von	Baron
Czetwertyński	Fürst
Dabizha	Fürst

Dadeshkeliani	Fürst
Dadian	Fürst
Dadian Mingrelisch	Fürst
Dalheim	Baron
Dalvig-Schauenburg- Lichtenfels, von	Baron
Dashkovs	Fürst
Davydov	Fürst
de Balme	Graf
de Choiseul-Gouffier	Graf
de Geer	Graf
de Geer	Graf
de la Chapelle	Baron
de la Chapelle	Baron
de Lagarde	Graf
de Lambert	Graf
de Langeron	Graf
de Puget	Baron
de Riduet de Sancy	Graf

de Shamborant	Graf
De Smet	Baron
de Toulouse-Lautrec	Graf
de Travers	Marquis
de West	Baron
Delli Albizzi	Marquis
Dellinghausen, von	Baron
Dellwig, von	Baron
Demblinsky	Graf
Demezon	Baron
Demidov	Fürst
Denisova	Graf
Derschau, von	Baron
des Amins	Graf
des Amins	Baron
Deviera	Graf
Devletkildeevy	Fürst
Dgebuadze	Fürst
Diasamidze	Fürst

Dibich-Zabalkansky	Graf
Dimsdal	Baron
Disterlo, von	Baron
Diveev	Fürst
Dmitriev-Mamonov	Graf
Dobrowolski	Graf
Dolgorukov	Fürst
Dolst	Baron
Dompersky	Graf
Dondukova	Fürst
Dondukova-Korsakov	Fürst
Dorrer	Graf
Dorthesen, von	Baron
Drachenfels, von	Baron
Drutsk	Fürst
Drutsk-Lyubetsky.	Fürst
Drutsk-Sokolinskii	Fürst
Drutsk-Sokolinskii-Dobrowolski	Fürst
du Bois de Roma	Baron

du Bois-de Roma Kaisarova	Baron
Dulovo	Fürst
Dunte	Graf
Dvinsk	Graf
Dzhambakurian	Fürst
Dzhandierovy	Fürst
Dzieduszycki	Graf
Efimovskaya	Graf
Eletskii	Fürst
Elmpt	Graf
Els, von	Baron
Emir von Buchara	Emir
Endronikov	Fürst
Engalycheva	Fürst
Eristov	Fürst
Erling, von	Baron
Evdokimov	Graf
Feleisen	Baron
Felkerzam	Baron

Fermor	Graf
Fersen, von	Baron
Fircks, von	Baron
Fleming-Libelitz	Baron
Flora	Baron
Flug	Graf
Foreman	Baron
Forseles	Baron
Fredericks	Graf
Fredericks	Baron
Fredericks-Marazli	Baron
Frenkel	Baron
Freytag von Loringhoff	Baron
Friesendorf	Baron
Funck, von	Baron
Fürst Imereti	Fürst
Gaara, von	Baron
Gagarin	Fürst
Galiani-Svechin	Graf

Gan, von	Baron
Gantimurovy	Fürst
Gedianovy	Fürst
Gellens, von	Baron
Gelovani	Fürst
Gendrikov	Graf
Georgian	Fürst
Gerschau, von	Baron
Gerschau-Flotow, von	Baron
Giedroyc	Fürst
Giernne	Baron
Gierta	Baron
Gildeeva	Fürst
Gildenstope	Baron
Ginzburg	Baron
Girard de Sukanton	Baron
Gizinger	Baron
Gogenfelsen	Graf
Gogger	Baron

Golenishcheva-Kutusow	Graf
Golenishcheva-Kutusow-Smolensky	Fürst
Golizyn	Fürst
Golovin	Graf
Golovkin	Graf
Golovkin-Khvoshchinskiy	Graf
Gonzaga	Marquis
Gortschakow	Fürst
Grabowski	Graf
Grevenitz	Baron
Gripen	Baron
Grokholsky	Graf
Grotthuss, von	Baron
Grubb	Graf
Grubb-Nikitin	Graf
Grün-Minkwitz, von	Baron
Gudovich	Graf
Gugunava	Fürst

Gundorova	Fürst
Guramischwili	Fürst
Gurgenidze	Fürst
Gurieli	Fürst
Gurieva	Graf
Gurovsky	Graf
Harm	Baron
Hartmann, von	Baron
Hauff, von	Baron
Hauk	Graf
Hecker, von	Baron
Heyden	Graf
Heyking, von	Baron
Hidirbegovy	Fürst
Himshievy	Fürst
Hodzhamninasovy	Fürst
Hoeven, von der	Baron
Hohenastenberg	Baron
Holonevsky	Graf

Holstinghausen gen. Holsten	Baron
Holtey, von	Baron
Horn	Graf
Hornfels	Baron
Hoyningen gen. Huene	Baron
Hutten-Czapski	Graf
Igelström	Graf
Ignatiev	Graf
Ikskul, von	Baron
Ikskul-Gildenband	Baron
Ilinskii	Graf
Indrenius	Baron
Iryo-Koskinen	Baron
Isheev	Fürst
Iskander	Graf
Ivelich	Graf
Jablonowski	Fürst
Japaridze	Fürst
Javakhishvili	Fürst

Jengiez	Fürst
Jezierski	Graf
Jomini	Baron
Jorjadze	Fürst
Jurevsky	Fürst
Kamensky	Graf
Kankrin	Graf
Kapnissy	Graf
Kapnist	Graf
Karalovy	Fürst
Karlsbad	Graf
Kasatkin-Rostowski	Fürst
Katkov-Shalikov	Fürst
Kaulbars	Baron
Keller	Graf
Kelles-Krause	Baron
Kene	Baron
Kenigsfels	Graf
Kettler, von	Baron

Keykuatov	Fürst
Keyserling	Graf
Keyserling, von	Baron
Khane von Chiwa	Khan
Kherkheulidze	Fürst
Khovanskaya	Fürst
Khrentovich-Butenevy	Graf
Kildischew	Fürst
Kipiani	Fürst
Kirby de Clermont	Baron
Kiseleva	Graf
Kister	Baron
Kitsinsky	Graf
Klebeck, von	Baron
Kleinmichel	Graf
Kleist, von	Baron
Klementová	Baron
Klinkovstrem	Baron
Kliuttsner, von	Baron

Klodt von Jürgens	Baron
Klopmann, von	Baron
Knabenau, von	Baron
Knorring, von	Baron
Kobulow	Fürst
Kochakidze	Fürst
Kochowsky	Graf
Kochubiy	Fürst
Kochubiy	Graf
Kolokoltsov	Baron
Koltsovo-Mosalsk	Fürst
Komorowski	Graf
Konda-Kondiyskie	Fürst
Konovnitsyn	Graf
Korff, von	Baron
Korfu	Graf
Koribut-Woronezki	Fürst
Koschkul, von	Baron
Kosinski	Baron

Koskul	Graf
Koskull, von	Baron
Kossakowsky	Graf
Koten, von	Baron
Kotzebue	Graf
Kotzebue - von Pilhau	Graf
Kozlowski	Fürst
Krasinski	Graf
Krasitsky	Graf
Krechetnikov	Graf
Kreutz	Graf
Kridener	Baron
Krongilm	Graf
Kropotkin	Fürst
Krukovetsky	Graf
Kudasheva	Fürst
Kugusheva	Fürst
Kulunchakov	Fürst
Kurakin	Fürst

Kurute	Graf
Kuschelew	Graf
Kuschelew-Bezborodko	Graf
Kutaisov	Graf
Kutaisov	Baron
Kutjew	Fürst
Kutkin	Fürst
Kviletsky	Graf
Lambsdorff	Graf
Lamzdorf-Galagany	Graf
Langensheld	Baron
Lansky	Graf
Lassen	Graf
Laval	Graf
Ledóchowski	Graf
Lemmermann	Baron
Lesser	Baron
Lestocq	Graf
Leuchtenberg	Fürst

Leuchtenberg, von	Herzog
Levashov	Graf
Levenwolde	Graf
Lewenwolde	Baron
Liders	Graf
Liders-Weimar	Graf
Lieven	Fürst
Lieven, von	Graf
Lieven, von	Baron
Limbecker	Baron
Linder af Swart	Baron
Lionidze	Fürst
Litke	Graf
Litten	Graf
Llubenetsky	Graf
Lobanov-Rostovsky.	Fürst
Lobstein, von	Graf
Loci, von	Baron
Lopuchina	Fürst

Lopuchina-Demidova	Fürst
Lordkipanidze	Fürst
Loris-Melikov	Graf
Loudon, von	Baron
Lovich	Fürst
Lubenskiy	Graf
Lubomirski	Fürst
Ludingshausen gen. Wolff, von	Baron
Lwow	Fürst
Lyschinskye-Trojekurow.	Fürst
Machabeli	Fürst
Machutadze	Fürst
Magalovy	Fürst
Makaeva	Fürst
Maksutova	Fürst
Maksyutova	Fürst
Malakhovskaya	Graf
Maltitz, von	Baron
Mamatkazin-Sakaeva	Fürst

Mamatova	Fürst
Mamin	Fürst
Mamleeva	Fürst
Mannerheim	Graf
Mannerheim	Baron
Mansirev	Fürst
Manteuffel-Zege, von	Baron
Manutstsi	Graf
Manvelova	Fürst
Massalsky	Fürst
Matveeva	Graf
Matyushkin	Graf
Matyushkin-Vielgorsky	Graf
Mavrokordatos	Fürst
Mavros	Graf
Maximenishvili	Fürst
Maydel, von	Baron
Mecklenburg, von	Herzog
Mecklenburg-Strelitz, von	Herzog

Medem, von	Graf
Medem, von	Baron
Meerscheidt-Gillessem	Baron
Melikov	Fürst
Meller Zakomelsky	Baron
Mellin	Baron
Mendy	Baron
Mengden	Graf
Mengden, von	Baron
Mengden, von	Baron
Menschikow	Fürst
Menschikow	Graf
Menschikow-Koreisch	Fürst
Meshchersky	Fürst
Mestmaher	Baron
Meyendorff	Baron
Michaud de Boretur	Graf
Mikadze	Fürst
Mikeladze	Fürst

Mikorsky	Graf
Miloradowitsch	Graf
Milutin	Graf
Mionchinsky	Graf
Mirbach, von	Baron
Mkheidze	Fürst
Mnishek	Graf
Molander	Baron
Mordvinova	Graf
Morenheym	Baron
Morkov	Graf
Moshchenskii	Graf
Mostovskoi	Graf
Munch	Baron
Münnich, von	Graf
Murat	Prinz
Muraveva	Graf
Muraveva-Amur	Graf
Muruzi	Fürst

Musin-Puschkin	Graf
Musin-Puschkin Bruce	Graf
Mustafina	Fürst
Myshetskaya	Fürst
Nakashidze	Fürst
Nesselrode	Graf
Nesvitskaya	Fürst
Nettelhorst, von	Baron
Nicolai	Baron
Nikitin	Graf
Nikitin	Graf
Nirody	Graf
Nizharadze	Fürst
Nolde, von	Baron
Nolken, von	Baron
Nordenstam	Baron
Nostitz	Graf
Nowosilzew	Graf
Obolensky	Fürst

Obolensky-Neledinsky-Mielec	Fürst
Odoevskogo	Fürst
Odoevskogo-Maslov	Fürst
Offenberg, von	Baron
Oginski	Fürst
Oldenburg, von	Prinz
Olsufyeva	Graf
Opperman	Graf
Orbeliani	Fürst
Orbeliani	Fürst
Orgis-Rutenberg, von	Baron
Orlov	Graf
Orlov-Denisov	Graf
Orlov-Denisov-Nikitin	Graf
Orlow	Fürst
Orlow-Chesmensky	Graf
Orlow-Dawydow	Graf
O'Rourke	Graf
Ossoliński	Graf

Osten-Drize, von	Baron
Osten-Sacken, von der	Fürst
Osten-Sacken, von der	Graf
Osten-Sacken, von der	Baron
Osterman	Graf
Osterman	Baron
Ostrotrog	Graf
Ostrotrog-Wolski	Graf
Ostrovsky	Graf
Ozharovsky	Graf
Pagava	Fürst
Palavandovy	Fürst
Palen, von der	Graf
Palen, von der	Baron
Palencia-Borel.	Baron
Palma	Baron
Panin	Graf
Pasenco-Rozvadovskaya	Graf
Paskevich-Erivan	Graf

Paskhin	Baron
Paulucci	Marquis
Pavlenovy	Fürst
Pea	Baron
Perowskit	Graf
Perowskit-Petrov-Solovova, von	Graf
Persische Prinzen (Qajar)	Prinz
Pfeilitzer gen. Franck	Baron
Pilar von Pilchau	Baron
Plater	Graf
Plater-Seeberg	Graf
Platow	Graf
Podgorichani	Graf
Podgorichani-Petrovich	Graf
Poryus-Vizapurskie	Fürst
Pospelovo	Baron
Potemkin	Fürst
Potemkin	Graf
Potocki	Graf

Potulitsky	Graf
Pozzo di Borgo	Graf
Princes Abaschidse-Gorlenko	Fürst
Princes Dondukova-Izedinovy	Fürst
Pritvits	Baron
Protasova	Graf
Protasova-Bakhmet'eva	Graf
Prozorovskaya	Fürst
Prozorovskaya-Golitsyn	Fürst
Przhezdetsky	Graf
Purcell Chor	Baron
Putiatina	Fürst
Putiatina	Graf
Puzynya	Fürst
Raden, von	Baron
Radziwill	Fürst
Raguzinsky	Graf
Rahl	Baron
Ramsay	Baron

Rastavetski	Baron
Ratiev	Fürst
Rausch von Traubenberg	Baron
Raymond-Modena	Graf
Razumovsky	Fürst
Razumovsky	Graf
Rebinder	Graf
Rebinder	Baron
Recke, von der	Baron
Reisky-Dubenitz	Baron
Reiter	Graf
Repnin	Fürst
Repnin-Volkonsky.	Fürst
Ribotpierre	Graf
Richter, von	Baron
Ridiger-Belyaev	Graf
Riediger	Graf
Robitovy	Fürst
Roenne, von	Baron

Rokasovsky	Baron
Romanowski-Brasov	Fürst
Romanowski-Elias	Fürst
Romanowski-Iskander	Fürst
Romanowski-Kutusow	Fürst
Romodanovsky	Fürst
Romodanovsky-Lodyzhensky	Fürst
Roniker	Graf
Rosen	Baron
Rosenberg, von	Baron
Rosenkampf	Baron
Rostopchin	Graf
Rostovtseva	Graf
Rotkirch	Baron
Rozvadovskaya	Graf
Rusievy	Fürst
Rutherford	Baron
Rzhevussky	Graf
Saakadze	Fürst

Sachsen-Altenburg, von	Prinz
Saginova	Fürst
Sakleen	Baron
Saltykow	Fürst
Saltykow	Graf
Saltykow-Golovkin	Fürst
Saltza, von	Baron
Samoilov	Graf
Sangushko	Fürst
Santi	Graf
Sapieha	Fürst
Sayn-Wittgenstein-Berleburg, von	Fürst
Schachovskoj	Fürst
Schachovskoj-Glebova-Streshneva	Fürst
Schafirow	Baron
Schelechpanskie	Fürst
Schernkranz	Baron
Schilling, von	Baron
Schkotua	Fürst

Schlippenbach, von	Baron
Schoeppingk, von	Baron
Schulenburg, von der	Graf
Schulte	Baron
Schultz, von	Baron
Schuwalow	Graf
Schwanz	Graf
Seefeld, von	Baron
Serdobiny	Baron
Shahajev	Fürst
Shahonskie	Fürst
Shalikov	Fürst
Shchepinov-Rostowski	Fürst
Shcherbdtov	Fürst
Shchetinina	Fürst
Sheremetev	Graf
Shervashidze	Fürst
Shira-Shikhmatov	Fürst
Shoduar	Baron

Sidamon-Eristov	Fürst
Sielverheim	Baron
Sierakowski	Graf
Sierakowski	Graf
Sievers	Graf
Sievers, von	Baron
Simolin, von	Baron
Simonich	Graf
Skarbek	Graf
Skavronskaya	Graf
Solagovy	Fürst
Sollogoub	Graf
Solowjow	Baron
Solskiy	Graf
Sontsovy-Zasekin.	Fürst
Speranskaya	Graf
Sprengporten	Graf
Sprengporten	Baron
Staal	Baron

Stackelberg	Graf
Stackelberg	Baron
Stackelberg	Baron
Stadnitsky	Graf
Stael von Holstein	Baron
Stamp, von	Baron
Stampken	Baron
Standersheld	Baron
Standersheld-Nordenstam	Baron
Starzensky	Graf
Steinheil	Graf
Steinheil	Baron
Stenbock-Fermor	Graf
Stenbok	Graf
Stevia-Steinheil	Graf
Stieglitz	Baron
Stjernvall	Baron
Stjernvall Valley	Baron
Stokasimov	Fürst

Stremfeldt	Baron
Strogonov	Graf
Strogonov	Baron
Stromberg, von	Baron
Stuart	Baron
Suchodolskij	Graf
Sukhtelen	Graf
Sumarokow	Graf
Sumarokow-Elston	Graf
Sumbatov	Fürst
Sutherland	Baron
Suworow-Rymniksky	Graf
Swjatopolk-Mirsky	Fürst
Taktakishvili	Fürst
Tandefeldt	Baron
Tarhan-Mouravi	Fürst
Tarkovsky	Fürst
Tarnowski	Graf
Tatishcheva	Graf

Taube, von	Baron
Tavgiridze	Fürst
Tenishev	Fürst
Tiesenhausen	Baron
Tipolt	Baron
Tiškevičiai	Graf
Tizengauzen	Graf
Toll	Graf
Toll	Baron
Tolstoi	Graf
Tolstoi	Graf
Tolstoi	Graf
Tormasov	Graf
Tornow, von	Baron
Totleben	Graf
Troilo, von	Baron
Trosky	Baron
Troubetzkoy	Fürst
Tscholokaschwili	Fürst

Tsege von Manteuffel	Graf
Tsitsianov	Fürst
Tumanovo	Fürst
Tumanovo-Levasheva	Fürst
Turkestanovy	Fürst
Tusievy	Fürst
Tyufyakiny	Fürst
Tzederstrem	Baron
Ukhtomskaya	Fürst
Ungern-Sterberg	Graf
Ungern-Sternberg, von	Baron
Urusky	Graf
Urusov	Fürst
Uschakow	Graf
Uvarov	Graf
Vachnadze	Fürst
Vadbolsky	Fürst
Vahvahovy	Fürst
Valle	Baron

Valuev	Graf
Van Sukhtelen	Baron
Vasilchikova	Graf
Vasileva	Baron
Vasileva-Shilovskaya	Graf
Vasilyev	Graf
Velgorsky	Graf
Velho	Baron
Vietinghoff (gen.Scheel), von	Baron
Vietinghoff Riesch, von	Baron
Vietinghoff, von	Baron
Vineken	Baron
Vizirovy	Fürst
Vladislavich	Graf
Vodzitsky	Graf
Volkonsky	Fürst
Vrevskaya	Baron
Vrevskaya	Baron
Vronchenko	Graf

Vuichi	Graf
Vyazemsky	Fürst
Vyazemsky	Fürst
Vyazmitinov	Graf
Walewski	Graf
Warschau, von	Fürst
Wassiltschikow.	Fürst
Wehrmann	Baron
Weisbach, von	Graf
Weismann von Weisenstein	Baron
Wettberg, von	Baron
Wielopolski	Graf
Willebrand, von	Baron
Willie	Baronet
Willie, Baronet	Baron
Witte	Graf
Wittgenstein	Fürst
Wittgenstein	Graf
Wolff, von	Baron

Wollowicz	Graf
Woronzow	Fürst
Woronzow	Graf
Woronzow	Fürst
Woronzow-Daschkow	Graf
Wrangel, von	Baron
Wrangell, von	Baron
Wyszynski	Baron
Yaguzhinskii	Graf
Yashvili	Fürst
Yausheva	Fürst
Yenikeyeva	Fürst
Yusupov	Fürst
Zahert	Baron
Zakrevskaya	Graf
Zamoyski	Graf
Zasekin	Fürst
Zavodovsky	Graf
Zayonchek	Fürst

Zebeunsky	Graf
Zeddeler	Baron
Zederkreitz	Baron
Zederkreitz	Baron
Zereteli	Fürst
Zeymern	Baron
Zhevakhov	Fürst
Zoege von Manteuffel	Baron
Zotov	Graf
Zulukidse	Fürst
Zvenigorod	Fürst